Christine Riehm

Batiken

Papierbatik und Stoffbatik

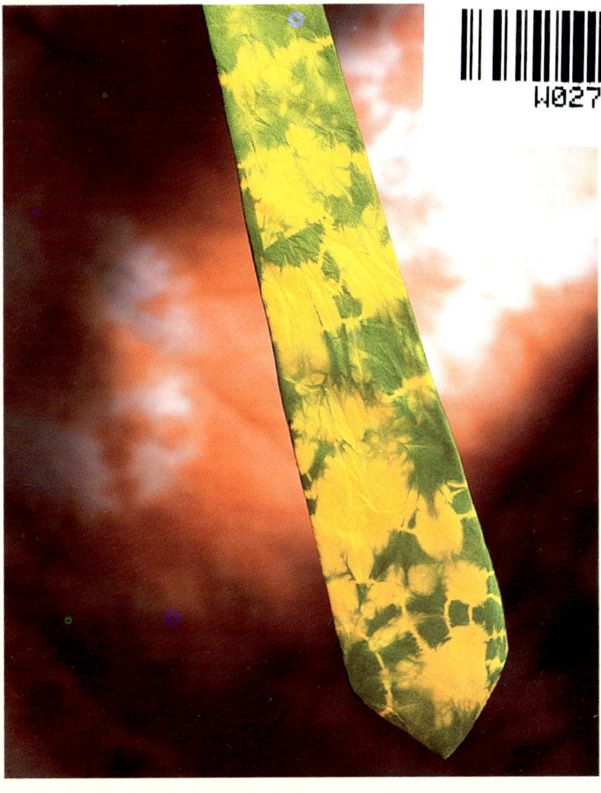

frechverlag

Im frechverlag erscheinen ständig neue Bücher zu aktuellen Kreativ-Themen:

TOPP 1694

TOPP 1668

TOPP 1869

TOPP 1730

TOPP 1640

TOPP 1689

Wir danken folgenden Firmen für die freundliche Hilfe:
3M Deutschland GmbH, Neuss
DEKA - Textilfarben GmbH, Unterhaching

Fotos: frechverlag GmbH + Co. Druck KG, 70499 Stuttgart;
Fotostudio Ullrich & Co., Renningen

Auflage: 5. 4. 3. 2. 1. Letzte Zahlen
Jahr: 1999 98 97 96 95 maßgebend

frechverlag GmbH + Co. Druck KG, 70499 Stuttgart

ISBN 3-7724-1895-3 · Best.-Nr. 1895

Druck: frechverlag GmbH + Co. Druck KG, 70499 Stuttgart

**Das Thema Batik weckt spontan meist
zwei Assoziationen:**

T-Shirts und Postkarten.

**Daß die Technik des Batikens aber noch weit mehr
zu bieten hat, möchte ich Ihnen in diesem Buch zeigen.**

**Die Arbeiten sind auch für den Laien leicht
nachvollziehbar;
dennoch haben sie einen eigenwilligen Reiz
und eine tolle Wirkung.**

Eine wichtige Rolle spielt die geschmackvolle Farbwahl:

**„Die Wirkung der Farben unterstreicht die Schönheit
der Muster" – sollte hierbei das Motto sein.**

**Im ersten Teil des Buches werden die
unterschiedlichen Techniken des Batikens
beschrieben, die im zweiten Teil zur
Anwendung kommen:**

**Von Schlips bis Schal,
vom Tuch zur Tasche,
über Beutel zur Brosche,
hin zu Kugeln und Kette.**

Viel Spaß beim Batiken wünscht Ihnen

Ihre Christine Riehm

Papierbatik

Papierbatik ist eine einfache, schnell zu erlernende Technik mit kunstvollen Resultaten.

Material
Batikpapier (Japanpapier)
Batikfarben (DEKA-Textilfarbe „L“)
Behälter (Blechdose, Eimer), Tuch, Pinsel, Pinzette, Zeitungspapier

Um Papier zu batiken, sollte man sich zuerst einen Überblick über die unterschiedlichen Falttechniken und die daraus gebatikten Motive verschaffen.

Nun das Papier nach einer der nachfolgenden Techniken falten. Sollte das Ergebnis des Faltprozesses nicht ganz dem der Zeichnung entsprechen, so kann es an einer unterschiedlichen Wahl der Papierformate liegen.

Die Farben, so wie auf den Packungen angegeben, anrühren. Etwas Kochsalz dazu geben, um die Farben zu intensivieren. Als Behälter für die Farben eignen sich Blechdosen, da sie die Wärme relativ lang halten, aber auch Pappbecher oder andere Gefäße können verwendet werden.

Das Einfärben des gefalteten Papiers erfolgt durch Umknicken des Papiers an mehreren Stellen und Eintauchen in die Batikfarbe (eventuell eine Pinzette zuhilfe nehmen).

Besonders schöne Effekte kann man erzielen, wenn man das Papier mehrmals hintereinander in unterschiedliche Farben taucht und die Farben ineinander verlaufen.

Bei der Streifen- und Quadrattechnik kann man die Farbe auch mit einem Pinsel auf das Papier (Seiten und Mitte) auftragen.

Das Papier saugt die Farbe auf. Überflüssige Farbe am besten mit einem Lappen abwischen.

Nach dem Färben wird das Papier vorsichtig auseinandergefaltet und zum Trocknen auf eine Zeitung gelegt.

Sollte es sich in nassem Zustand nicht auffalten lassen, dann gefaltet trocknen lassen und später auffalten.

Die fertig getrockneten Papiere mit dem Bügeleisen glätten.

Um das gebatikte Papier auf einem Untergrund aufzukleben, eignet sich besonders der Sprühkleber von 3M.

Mit ihm ist es möglich, das Papier mehrmals wieder vom Untergrund abzuziehen. Außerdem sind bei diesem Klebstoff im Gegensatz zu anderen Klebern die Klebestellen nicht zu sehen.

Alle in diesem Buch mit Papierbatik hergestellten Objekte wurden mit den Techniken von Seite 6 und 7 gebatikt.

Durch die Kombination der Techniken können wieder neue Muster und Formen entstehen.

1. Kreistechnik

Abbildung Seite 5, oben links

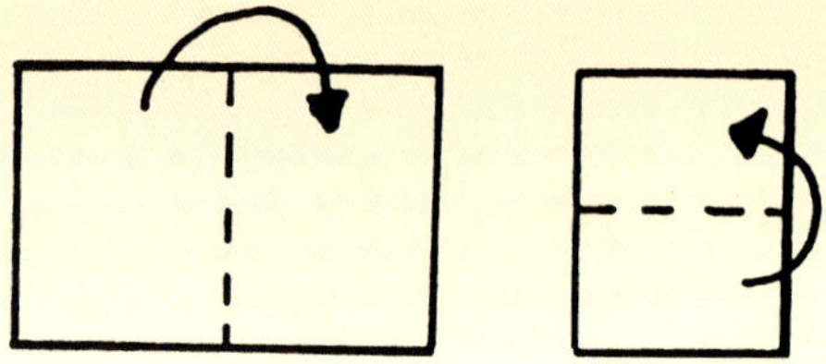

wieder aufklappen

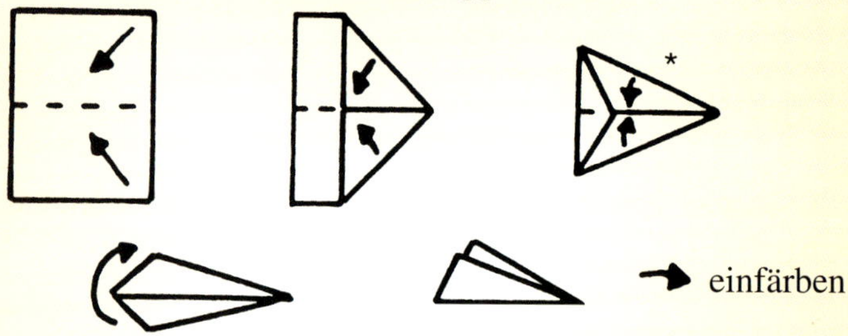

* Eventuell mehrmals zur Innenseite falten (abhängig von der Papiergröße).

2. Streifentechnik

Abbildung Seite 5, unten rechts

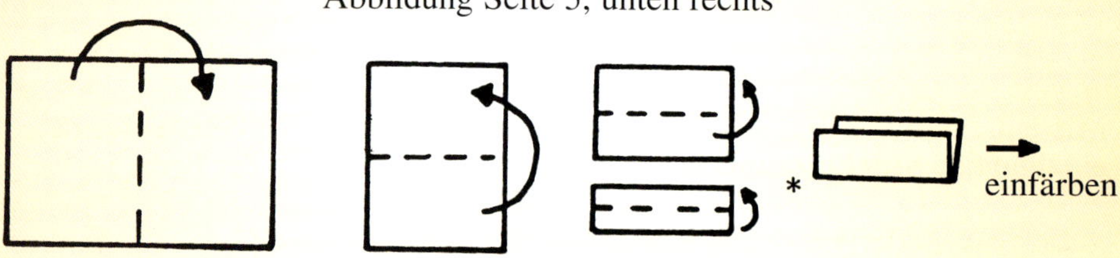

* Eventuell mehrmals aufeinanderfalten (abhängig von Papiergröße).
Durch Eintauchen der Längsseiten, bzw. Färben mit einem Pinsel, ergeben sich Längsstreifen, beim Färben in Querrichtung entstehen Querstreifen.

3. Quadrattechnik

Abbildung Seite 5, unten links

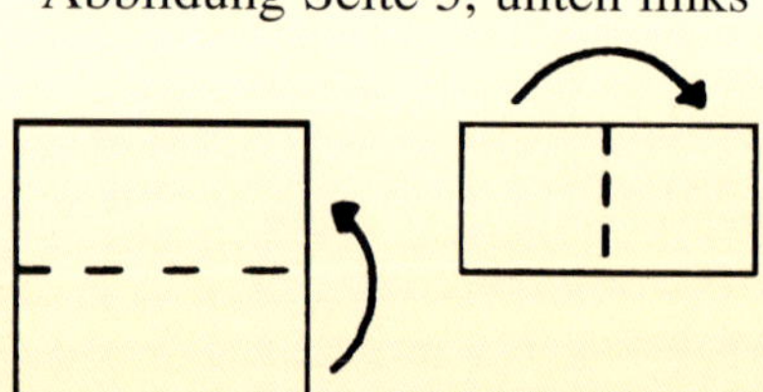

Hierfür benötigt man ein quadratisches Stück Papier.

Die Faltungen wieder aufklappen.

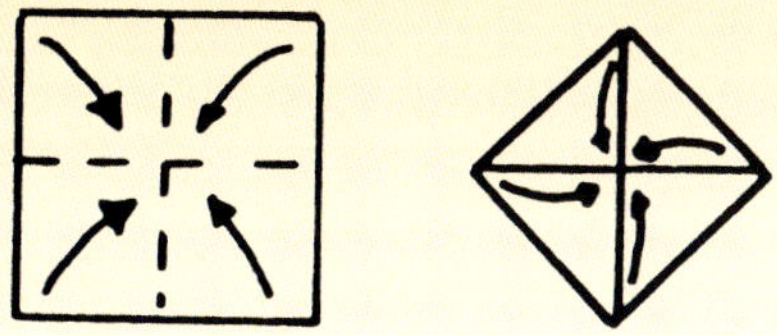

Eventuell nochmals die Ecken zur Mitte falten (abhängig von Papiergröße).

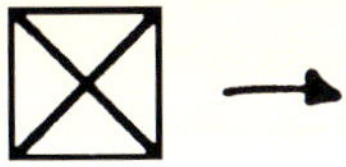

färben

4. Rolltechnik
Abbildung Seite 5, oben rechts

Das Papier von einer Ecke aus aufrollen und abschnittsweise abknicken und einfärben.

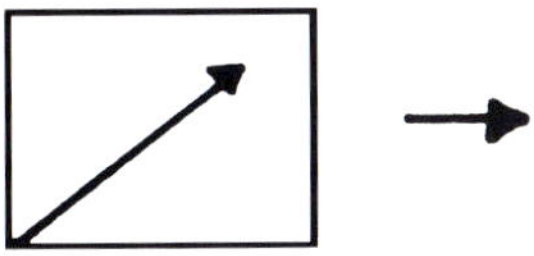

färben

aufrollen

Stoffbatik

Mit Hilfe der Stoffbatik kann man einzigartige Stücke zaubern.

Material
Stoff (am besten eignen sich Seide und Baumwolle)
Batikfarben: DEKA-Textilfarbe „aktuell“ mit Fixiermittel oder DEKA-Textilfarbe „L“ mit Nachbehandlungsmittel
Appreturentferner
Behälter (Eimer und Dose), Tuch, Zeitungspapier
Wolle, Schere (für Abbindetechnik)
DEKA-Batikwachs, Pinsel und eine Unterlage (für Wachstechnik)

Für das Batiken von Stoffen sollten Sie sich etwas Zeit nehmen, da die Stoffe zum Teil vorbereitet werden und einige Zeit in der Farbe verbleiben müssen.
Beim Umgang mit der Farbe empfiehlt sich das Tragen einer Schürze und Gummihandschuhen.
Vor dem Batiken den Stoff in den Appreturentferner legen, um Textilausrüstungen wie Appretur, Stärke, Weichspüler etc. zu entfernen.
Sorgfältiges Waschen und heißes Bügeln entfernt auch einen Großteil der Appretur. Wenn vor dem Färben Appretur, Stärke oder ähnliches nicht entfernt werden, nimmt der Stoff die Batikfarbe nicht an.

Bei Stoffen, die mehrmals gefärbt werden, kann der Appreturentferner aber auch verhindern, daß sich verbliebene Farbreste mit den nachfolgenden Farben mischen. Der gefärbte Stoff wird dazu 15 Minuten in den Appreturentferner gelegt und dann mit heißem und kaltem Wasser ausgespült. Der Stoff kann nun naß weiterbearbeitet werden. Für die Wachstechnik den Stoff zur Weiterbearbeitung trocknen lassen. Ansonsten werden sich die Farben bei aufeinanderfolgender Anwendung mehrerer Farben mischen (z.B. gelb + lila = braun).

Grundsätzlich gilt: Je länger der Stoff in der Farbe verbleibt, desto kräftiger wird die erzielte Färbung. Da der Stoff im Färbebad von der Farbe umgeben ist, kann man sich über den Färbegrad leicht irren. Ferner verblaßt die Farbe auch noch beim Trocknen.

Bei der Verwendung von DEKA - Textilfarbe „aktuell“ wird nach fünfminütigem Färben das dazugehörige Fixiermittel in die Farbe gegeben.

Bei der Färbung mit DEKA - Textilfarbe „L“ ist es ratsam, den Stoff nach dem Färben mit einem Nachbehandlungsmittel zu bearbeiten, um die Farben zu fixieren.

Mit den folgenden Techniken wurden alle in diesem Buch enthaltenen Stoffe gebatikt.

Abbindetechnik

Hierfür den Stoff mit einzelnen Wollfäden abbinden, d.h. etwas Stoff zusammenfassen und mit einer Schnur zusammenziehen. Um eine Kreisbildung bei der Färbung zu erzielen, wird der Stoff von der Mitte ausgehend in Abständen immer wieder abgebunden. Nach dem Färben die Schnüre vorsichtig mit der Schere aufschneiden. Den Stoff von Hand auswaschen und zum Trocknen auf eine Zeitung legen.

Um nicht ausschließlich weiße Musterungen zu erhalten, kann man den Stoff vorher in einer Grundfarbe einfärben, z.B. in Hellgrün. Nach dem Trocknen den Stoff abbinden und in einer neuen Farbe, z.B. Dunkelgrün, färben. Die Grundfarbe muß aber immer heller sein als die nachfolgende Farbe.

Wachstechnik

Das Prinzip der Wachstechnik besteht darin, daß manche Stellen mit Wachs abgedeckt werden und somit der Stoff unter dem Wachs vor der Farbe geschützt wird. Im Handel ist spezielles Batikwachs erhältlich.

Das Wachs am besten in einer Blechdose im Wasserbad erhitzen (**nicht unbeaufsichtigt lassen**). Mit einem Pinsel wird das stark erhitzte Wachs auf den Stoff aufgetragen. Als Unterlage unter dem Stoff eignet sich eine Moosgummiplatte besonders gut. Sollte das Wachs nicht richtig in den Stoff eingezogen sein, kann man den Stoff kurz, d.h. weniger als eine Minute, in den heißen Backofen legen. Der richtige Augenblick, den Stoff wieder aus dem Ofen zu holen ist dann gekommen, wenn das Wachs auseinanderfließt. Das Wachs erkalten lassen und den gesamten Stoff in einer Farbe einfärben. Dabei ist zu beachten, daß die Temperatur des Farbbades nichts zu heiß sein darf, da sonst das Wachs schmilzt. Den Stoff

(Fortsetzung von Seite 8)
von Hand auswaschen und trocknen lassen. Zwischen mehreren Lagen Zeitungspapier das Wachs aus dem Stoff ausbügeln. Sollte sich das Wachs nicht vollständig entfernen lassen, man erkennt dies an den dunklen Rändern um die Motive, wie z.B. bei dem orangefarbenen T-Shirt auf Seite 11, sollten Sie den Stoff in einer chemischen Reinigung reinigen lassen.

Zum Übertragen der Zeichnungen des Vorlagenbogens auf Karton oder Stoff fertigen Sie Schablonen an und umfahren die Umrisse mit Bleistift.

T-Shirts

Farbenfroh verschönert.

Blaues T-Shirt

Bitte nicht vergessen, die Baumwollstoffe vor dem Färben von der Appretur zu befreien – durch Appreturentferner oder durch Waschen und Bügeln.

Material
1 weißes T-Shirt aus Baumwolle
Blaue Batikfarbe, Fixiermittel
Wolle, Schere, Appreturentferner

Das T-Shirt mit Wollfäden abbinden (siehe Abbindetechnik auf Seite 8) und in der blauen Farbe färben.

Nach gründlichem Auswaschen der Farbe ist das getrocknete T-Shirt anziehbereit.

Grünes T-Shirt

Material
1 weißes T-Shirt aus Baumwolle
Grüne Batikfarbe, Fixiermittel
Wolle, Schere, Appreturentferner

Dieses T-Shirt wird genauso hergestellt wie das blaue. Allerdings erfolgt das Abbinden nicht in Kreisen, sondern in parallelen Abständen. Die Schnüre werden um das ganze T-Shirt geschlungen und verknotet.

Orangefarbenes T-Shirt

Material
1 weißes T-Shirt aus Baumwolle
Gelbe und rote Batikfarbe
Fixiermittel, Appreturentferner
Batikwachs, Pinsel, Zeitungspapier

Das weiße T-Shirt zuerst in gelber Farbe einfärben und trocknen lassen.

Nun mit dem erhitzten Wachs Zeichen und Motive auf den Stoff malen.

Nachdem das Wachs erkaltet ist, den Stoff in roter, nicht zu heißer Batikfarbe färben.

Zum Schluß das Wachs ausbügeln oder den Stoff chemisch reinigen lassen.

Dreieckige Schachtel

Ein schöner Blickfang mit Inhalt.

Material
2 gebatikte Papierbögen im DIN A4-Format
Weißer Fotokarton, ca. 50 cm x 30 cm
Sprühkleber, Klebstoff, Bleistift, Schere, Cutter, Lineal

Boden und Deckel der Schachtel gemäß dem Vorlagenbogen komplett mit den Seitenteilen aus dem weißen Karton schneiden. Mit dem Cutter vorsichtig die gestrichelten Linien anritzen. Auf die angeritzte Seite jeweils einen Papierbogen mit dem Sprühkleber kleben. Die Teile ausschneiden und zu einer Schachtel falten. Auf die angegebenen Stellen Klebstoff auftragen. Schachtelboden und Deckel gemäß den Ziffern (1 auf 1, 2 auf 2, 3 auf 3) zusammenkleben – fertig ist die Schachtel!

Haargummis

Ein toller Schmuck für langes Haar.

Material
Gebatikter Stoff, ca. 45 cm x 10 cm
Gummiband, ca. 22 cm x 0,5 cm
Nadel und Faden
Schere, Stecknadeln

An beiden schmalen Seiten des Stoffes ca. 1 cm auf die linke Seite umschlagen und festnähen. Die Längsseiten des Stoffes rechts auf rechts aufeinanderlegen und zusammennähen. Auf die rechte Seite wenden, damit die Längsnaht innen liegt. Durch den entstandenen Schlauch das Gummiband ziehen. Beide Enden des Gummibandes aneinandernähen.

Geflochtenes Armband

Stellen Sie es in Ihren Lieblingsfarben zusammen.

Material
Gebatiktes Baumwollplissee (3 Streifen à ca. 25 cm x 20 cm in unterschiedlichen Farben)
Kunststoffverschluß (im Hobbyfachhandel oder in Kurzwarenabteilungen erhältlich)
Nadel und Faden
Schere, Stecknadeln

Die einen Enden der Streifen durch einen Teil des Verschlusses ziehen und auf der Rückseite festnähen. Die am Verschluß herunterhängenden Streifen so lange flechten, bis die erwünschte Länge des Armbandes (Armumfang) erreicht ist. Die verbleibenden Enden durch den anderen Teil des Verschlusses ziehen und auch festnähen. Eventuell überstehenden Stoff abschneiden.

Kette

Diese Kette liegt im Trend.

Material
Gebatiktes Baumwollplissee (2 Streifen à ca. 85 cm x 10 cm)
Anhänger

Durch einen der gebatikten Streifen den Anhänger ziehen. Beide Streifen miteinander verdrehen, und die Enden zur Kette zusammenknoten.

Braune Tasche

Viel Raum mit viel Pfiff.

Material
Gebatikter Stoff, ca. 90 x 100 cm
Nähmaschine oder Nadel mit Faden
Schere, Stecknadeln

Den „Boden“ der Tasche dem Vorlagenbogen entnehmen, auf den Stoff übertragen und ausschneiden.

Ein Rechteck mit den Maßen 90 cm x 50 cm aus dem Stoff schneiden. Mit der Nähmaschine die Außenkanten des Bodens und des Rechtecks umnähen, damit der Stoff nicht ausfransen kann.

Eine Längsseite des Rechtecks so auf den Kanten des Bodens feststecken (rechts auf rechts), daß eine Tasche entsteht. Vorsichtig zusammennähen, damit keine Falten entstehen.

Die Querseiten des Rechtecks, so wie es sich durch die Bodennaht ergibt, zusammennähen.
Überstehende Stoffreste abschneiden. An der Öffnung der Tasche den Stoff 5 cm nach innen umschlagen und festnähen.

Ein paar Zentimeter unterhalb der Kante gleichmäßig verteilt acht Knopflöcher für den Verschluß erstellen. Der Verschluß besteht aus einer Schnur, die abwechselnd durch die Knopflöcher gezogen ist, und einem Schieber. Hierfür aus dem Stoff ein langes Band mit den Maßen 85 cm x 2 cm und ein kleineres Rechteck, 17 cm x 7 cm, ausschneiden. Das lange Band auf eine Breite von 1 cm falten und festnähen.

Aus dem kleinen Rechteck den Schieber nähen. Hierfür alle Kanten umschlagen und schmal festnähen.
Nun das Rechteck an den kurzen Seiten schlauchartig zusammennähen.

Den Schlauch in der Mitte nochmals abnähen, so daß zwei Öffnungen entstehen. Jeweils ein Ende des Bandes durch eine Öffnung stecken. Festschieben – und nun sollte der Beutel geschlossen sein.

Für den Henkel ein 10 cm breites Band mit einer Länge von 90 cm aus dem Stoff schneiden. Das Band auf 5 cm falten und zusammennähen.

Den Henkel auf zwei Seiten des Beutels befestigen:

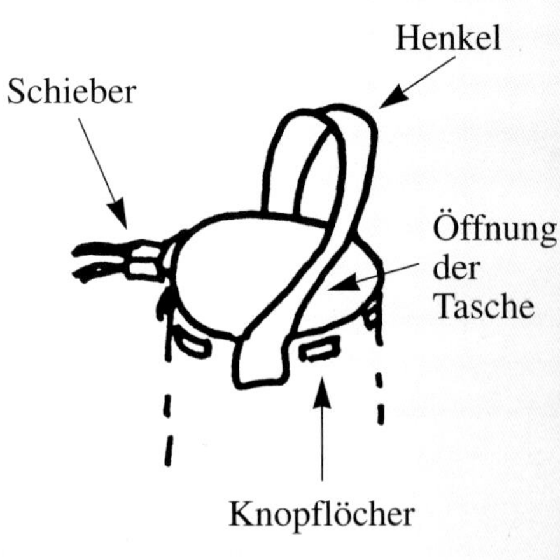

Schmuck

Halskette

Dieser Anhänger könnte auch gut als Fensterschmuck dienen.

Material
2 gebatikte Papierbögen im DIN A4-Format
Weißer Fotokarton, ca. 16 cm x 16 cm
Schwarzes Satinband
Sprühkleber, Bleistift, Schere

Die Kreise dem Vorlagenbogen entnehmen und auf den weißen Karton übertragen. Mit dem Sprühkleber gebatiktes Papier auf einer Seite der Ringe befestigen, und die Ringe ausschneiden. Nun auf die noch weiße Seite ebenfalls Sprühkleber auftragen und den verbliebenen Batikbogen befestigen. Das Papier kreisförmig zurechtschneiden, und die Kreise mit dem schwarzen Band zur Kette zusammenbinden.

Broschen, Ring, Ohrringe

Aus Resten zu basteln, passend zum jeweiligen Outfit.

Material
Papierbatikreste
Weißer Fotokarton
Anstecknadel (für Brosche)
Ohrclips (für Ohrringe)
Ring mit flacher Oberfläche (im Bastelhandel erhältlich)
Selbstklebende durchsichtige Folie (bei Bedarf)
Sprühkleber, Klebstoff, Bleistift, Schere

Auf den weißen Karton die Umrisse der Schmuckstücke (Zeichnung siehe Vorlagenbogen) zeichnen. Mit Sprühkleber das Batikpapier auf einer Seite des Kartons fixieren und ausschneiden.Um die Papierbatik vor Nässe und Schmutz zu schützen, kann sie mit selbstklebender Folie überzogen werden. Dafür ein Stück Folie, etwas größer als das gebastelte Stück, ausschneiden und auf die Oberfläche kleben. Die überstehenden Reste auf der Rückseite befestigen.
Zum Schluß eine Anstecknadel, Ohrclips oder einen Ring an der markierten Stelle festkleben.

Stoffarmband

Dieser witzige Schmuck eignet sich hervorragend als Geschenk, da er sehr schnell zu basteln ist.

Material
Gebatikter Stoff (Länge = Armumfang + 2,5 cm, Breite 9 cm)
Klettverschluß, 3 cm x 2 cm
Nadel und Faden
Klebstoff, Bleistift, Schere

Zuerst aus dem Stoff einen Schlauch nähen, indem die Längsseiten rechts auf rechts aufeinandergelegt und zusammengenäht werden. Den Stoff wenden, so daß sich die Längsnaht innen befindet und an beiden schmalen Seiten ca. 1 cm nach innen schlagen. Von der Vorderseite her absteppen. Den Klettverschluß, so wie es auf dem Vorlagenbogen eingezeichnet ist, festkleben. Das Armband ein paar Stunden mit einem Buch beschweren, damit der Klettverschluß fest haftet.

Kästchen

Für wertvolle Kleinigkeiten.

Material
1 gebatikter Papierbogen im DIN A4-Format
Weißer Fotokarton, ca. 24 cm x 30 cm
Braunes Band, ca. 20 cm x 1,5 cm
Kleiner Stab (Zahnstocher)
Sprühkleber, Klebstoff, Bleistift, Schere, Cutter

Eine Seite des Fotokartons mit Sprühkleber besprühen, den Papierbogen festkleben und gemäß dem Vorlagenbogen die Form des Kästchens aus dem weißen Karton schneiden. Die eingezeichneten Einschnitte mit dem Cutter ritzen.
Zum Zusammenfalten des Kästchens die gestrichelten Linien leicht anritzen und knicken.
Klebstoff auf die markierten Klebestellen auftragen und das Kästchen zusammenkleben.
Für den Verschluß des Kästchens von dem braunen Band ca. 14 cm abschneiden. Ein Ende von oben durch den Einschnitt des Deckels ziehen und auf der Innenseite des Deckels mit dem anderen Ende so fixieren, daß eine Schlaufe entsteht. Mit dem Rest des braunen Bandes einen Knoten um den kleinen Stab binden, beide Enden durch den Einschnitt der langen Seite ziehen und auf der Innenseite festkleben. Probieren Sie den Verschluß vor dem endgültigen Festkleben aus, denn es könnte sein, daß der Stab zu lang oder die Schlaufe zu kurz ist.

Pyramiden

Reine Dekoration, aber wunderschön.

Material
Jeweils 1 gebatikter Papierbogen im DIN A4-Format
Weißer Fotokarton
Sprühkleber, Klebstoff, Bleistift, Schere, Cutter

Die große oder die kleine Pyramidenform gemäß der Vorlage auf den weißen Karton übertragen. Mit dem Cutter die gestrichelten Linien anritzen. Auf der eingeritzten Seite des Kartons mit Hilfe des Sprühklebers den Papierbogen festkleben und die Form ausschneiden. Die Pyramide an den markierten Stellen zusammenkleben.

Magnete

Zum Festhalten wichtiger Nachrichten.

Material
Papierbatikreste
Weißer Fotokarton
Magnete
Sprühkleber, Klebstoff, Bleistift, Schere

Die Vorlage für die Magnete auf weißen Karton übertragen. Nach dem Bekle- ben des Kartons mit den Papierbatik- resten die Vorlagen ausschneiden.
Auf den eingezeichneten Klebestellen die Magnete mit Klebstoff fixieren und gut trocknen lassen.

Bucheinbände

Durch sie werden die langweiligsten Schulhefte sehenswert.

Material
Für DIN A4-Heft: 2 gebatikte Papierbögen im DIN A4-Format
Für DIN A5-Heft: 1 gebatikter Papierbogen im DIN A 4-Format
Sprühkleber, Schere

Die Vorder- und Rückseite des Schulheftes mit Sprühkleber bedecken und die Papierbögen aufkleben. Bei einem DIN A5-Heft besteht der Umschlag nur aus einem Papierbogen, bei DIN A4-Heften aus zweien.

Sollte der bisherige Heftumschlag nicht weiß sein, dann ist es besser, ein weißes Blatt Papier unter den gebatikten Papierbogen zu kleben, damit der Untergrund nicht durchscheint.

Lesezeichen

Eine Verführung zum Weiterlesen.

Material
Jeweils 1 gebatikter Papierbogen
Weißer Fotokarton
Sprühkleber, Bleistift, Schere, Cutter

Die Formen der Lesezeichen auf den weißen Karton übertragen.

Auf einer Seite des Kartons mit Sprühkleber ein Stück des Papierbogens aufkleben. Das Lesezeichen ausschneiden. Bei dem Lesezeichen mit dem Viereck in der Mitte wird das Viereck vorsichtig mit dem Cutter herausgeschnitten. Genauso nun die noch weiße Seite des Lesezeichens arbeiten – das Lesen kann beginnen.

Braun-gelbes Tuch

Eine feine Zierde für jeden Hals.

Material
1 Seidentuch
(im Bastelladen erhältlich)
Gelbe und lilafarbene Batikfarbe, Fixiermittel, Batikwachs, Pinsel, Zeitungspapier

Das Seidentuch in einem gelben Farbton einfärben und trocknen lassen.

Rechtecke, Dreiecke und Punkte mit erhitztem Wachs auf die Seide malen (Wachstechnik siehe Seite 8).

Erneut das Tuch färben, diesmal in einem lila Farbton, so daß sich die Farben zu Braun mischen.

Nachdem das Tuch wieder getrocknet ist, wird das Wachs herausgebügelt.

Postkarten

Eine nette Art, in Kontakt zu bleiben.

Material
Jeweils 1 gebatikter Papierbogen
2 Karten mit Briefumschlag (im Bastelladen erhältlich oder selbst geschnitten)
Sprühkleber, Bleistift, Schere

Das gebatikte Papier auf die Größe der Postkarte zurechtschneiden und mit Sprühkleber auf der Karte fixieren. Gegebenenfalls die Karte nochmals bügeln.

Schachteln

Zum Aufbewahren von Schmuckstücken, Andenken und anderem.

Material
2 gebatikte Papierbögen im DIN A4-Format
Weißer Fotokarton, ca. 40 cm x 20 cm
Sprühkleber, Klebstoff, Bleistift, Schere, Cutter

Beide Teile der Schachtel, Deckel und Boden, auf den Fotokarton übertragen (siehe Vorlagenbogen).

Vor dem Ausschneiden auf den Außenseiten des Deckels und des Bodens die Papierbögen mit Sprühkleber festkleben.

Die Teile nun ausschneiden. Mit dem Cutter vorsichtig entlang der gestrichelten Linien ritzen und die Teile der Schachtel zusammenfalten. Gemäß den Ziffern (1 auf 1, 2 auf 2, 3 auf 3, 4 auf 4) mit Klebstoff zusammenkleben.

Zum Abschluß den Deckel auf das Bodenteil setzen.

Dekokugeln

Rund und bunt.

Material
Papierbatikreste
Styroporkugeln, Durchmesser ca. 2,5 cm
Sprühkleber, Schere

Aus den Resten Vierecke mit den Maßen 6 cm x 12 cm schneiden.

Die Vierecke gut mit Sprühkleber einsprühen und um die Kugeln wickeln.

Eventuell an manchen Stellen nochmals mit dem Kleber nachsprühen.

Jede Kugel zwischen beide Hände nehmen und rollen, damit die Oberfläche glatt wird.

Bild

Ein würdiger Platz für das gebatikte Meisterwerk.

Material
1 gebatikter Papierbogen
Passepartoutkarton (im Bastelladen erhältlich oder selbst schneiden)
Bilderrahmen
Bleistift, Lineal, Schere, Cutter

Die Anleitung dieses Bildes entspricht der auf Seite 32.

Objekt

Abgeschnittener Kegel im Faltenlook.

Material
1 gebatikter Papierbogen im DIN A4-Format
Weißer Fotokarton, ca. 22 cm x 35 cm
Sprühkleber, Klebstoff, Bleistift, Schere, Cutter

Die Form des Objekts dem Vorlagenbogen entnehmen und auf den weißen Karton übertragen.

Die gestrichelten Linien abwechselnd mit dem Cutter einmal von vorne und einmal von hinten vorsichtig anritzen.

Den gebatikten Papierbogen auf einer Seite des Kartons mit Sprühkleber festkleben. Das Objekt falten.

Klebstoff auf die angegebene Stelle streichen und den Kegel zusammenkleben (Ziffer 1 auf 1).

Beutel

Zur Aufbewahrung hübscher Kleinigkeiten.

Material
Gebatikter Stoff:
Großer Beutel: ca. 22 cm x 22 cm
Kleiner Beutel: ca. 20 cm x 20 cm
Nadel und Faden
Schwarzer Bast
Schere

Nach der Zeichnung des Vorlagenbogens einen Kreis aus Stoff ausschneiden.
Die Außenkanten mit der Nähmaschine (Zickzack-Stich) gegen Ausfransen sichern.

An den gekennzeichneten Stellen Knopflöcher nähen und auftrennen. Anstatt der Knopflöcher können Sie die Öffnungen auch mit einer Schere einschneiden, allerdings besteht dabei die Gefahr des Ausreißens der Löcher. Vom Bast drei Schnüre mit einer Länge von 50 cm abschneiden.

Die oberen Enden verknoten und die Schnüre zu einem langen Band flechten. Das Ende auch wieder verknoten. Das geflochtene Band durch die Öffnungen fädeln und den Beutel verschließen.

Um den Beutel von zwei Seiten zuziehen zu können (siehe blauer Beutel), fertigen Sie nochmals ein Bastband an.

Dieses zweite Band nun auf der gegenüberliegenden Seite einfädeln.

Krawatten

Seriös oder frech, ganz nach Geschmack.

Material
Seidenkrawatte (im Bastelladen erhältlich)
Batikfarbe, Fixiermittel, Wolle, Schere, Wachs, Pinsel, Zeitungspapier

Rote Krawatte

Diese Krawatte wird mit der Abbindetechnik (siehe Seite 8) gearbeitet. Hierfür die dünne obere Stoffschicht der Krawatte hochziehen und viele kleine Kreise abbinden. Wundern Sie sich nicht, wenn die Krawatte nach dem Abbinden nicht mehr ihrer üblichen Form entspricht. In einer vorbereiteten Farbe die Krawatte färben. Ca. nach fünf Minuten das Fixiermittel hinzufügen. Vor dem Auswaschen der Krawatte die Wollfäden entfernen.
Schneiden Sie die Knoten nicht auf, denn Sie könnten den Stoff zerschneiden. Stattdessen die Knoten über den Stoff abziehen. Nachdem die Krawatte gründlich ausgespült und getrocknet ist, bügeln Sie sie wieder in ihre ursprüngliche Form.

Grüne Krawatte und Grün-gelbe Krawatte

Siehe auch Abbildung Seite 1

Diese Krawatte wird genauso gearbeitet wie die rote Krawatte. Allerdings wird die grün-gelbe Krawatte vor dem Abbinden in einem gelben Farbton gefärbt und danach mit Appreturentferner behandelt.
Binden Sie nun nicht die obere Stoffschicht ab, sondern schlingen Sie die Schnüre um die Krawatte, und verknoten Sie diese so:

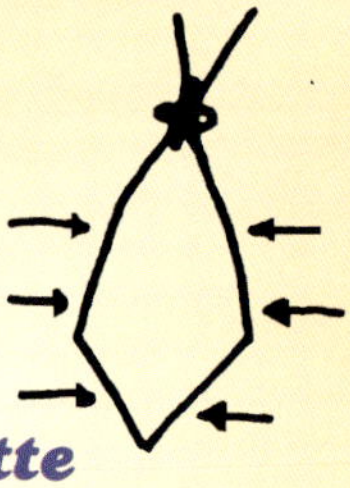

Blaue Krawatte

Auf der Seidenkrawatte mit stark erhitztem Wachs Figuren, wie z.B. kleine Männchen, mit dem Pinsel auftragen. Wichtig ist, daß das Wachs richtig in den Stoff eindringt. Wenn Sie sich unsicher sind, legen Sie die Krawatte kurz in den heißen Backofen (siehe Stoffbatik Seite 8). Die Krawatte mit dem erkalteten Wachs in einer Farbe einfärben. Nach dem Trocknen das Wachs aus der zwischen Zeitungspapier liegenden Krawatte bügeln. Falls nötig, geben Sie die Krawatte zur chemischen Reinigung.

Fächer

Für heiße Sommer.

Material
1 gebatikter Papierbogen im DIN A4-Format
Weißer Karton, ca. 28 cm x 20 cm
Sprühkleber, Cutter, Schere, Lineal

Den weißen Karton von der kurzen Seite aus gesehen alle 2 cm abwechselnd von oben oder von unten mit dem Cutter anritzen. Mit dem Sprühkleber den Papierbogen auf beiden Seiten des Kartons befestigen und den Karton zum Fächer falten.

Tischlampe

Elektrisches Licht – einmal romantisch.

Material
Gebatikte Papierbögen (Menge hängt von der Größe des Lampenschirms ab).
Lampenschirm (im Bastelladen erhältlich) mit passendem Lampenfuß, Kabeln und Glühbirne, Klebstoff, Schere, Bleistift

Bastelanleitung siehe Lampion.

Lampion

Flackerndes Kerzenlicht, bunt verhüllt.

Material
Wie Tischlampe, nur mit einem Lampenschirm in Kürbisform (im Bastelladen erhältlich).

Den Lampenschirm auf einen Papierbogen legen und ein Segment des Schirms mit Bleistift auf das Papier zeichnen. Bei einem runden Schirm ist es einfacher, wenn Sie ihn beim Abzeichnen kippen. Das aufgezeichnete Segment großzügig ausschneiden.

Das Papiersegment am oberen Ende des Lampenschirms festkleben. Klebstoff auf eine seitliche Strebe des Segments auftragen, das Papier fixieren und die überstehenden Reste nach innen umwickeln. Genauso nun auch die andere Seite des Segments und das untere Ende des Papiers unter Spannung befestigen. Jedes Segment des Lampenschirms auf diese Weise mit Papier bekleben. Den Lampenschirm der Tischlampe auf dem Lampenfuß befestigen bzw. eine Kerze unter den Lampion stellen und anzünden.

Tuch in Blau-Gelb

Unentbehrlich beim Bahnhofsabschied.

Material
Seidentuch (im Bastelladen erhältlich)
Gelbe und blaue Batikfarbe,
Fixiermittel, Wachs, Pinsel,
Zeitungspapier, Appreturentferner

Das Tuch in gelber Batikfarbe einfärben und trocknen lassen. Mit Appreturentferner behandeln. Erhitztes Wachs (siehe Wachstechnik Seite 8) in Blumenform auf den getrockneten Stoff aufmalen.

Den Stoff mit dem erkalteten Wachs in blauer Batikfarbe färben. Nach ca. 5 Minuten das Fixiermittel hinzufügen. Nach dem Trocknen das Wachs zwischen Zeitungspapier ausbügeln.

Grüner Schal

Individueller Schal für kalte Winter.

Material
Weißer Baumwollstoff (Länge und Breite nach Geschmack)
Grüne Batikfarbe, Fixiermittel
Nadel und Faden, Wolle, Schere,
Appreturentferner

Den Schal mit Wollfäden abschnüren (siehe Stoffbatik Seite 8). In die vorbereitete Batikfarbe legen. Nach ca. 5 Minuten das Fixiermittel hinzufügen. Den Stoff nicht zu lange färben lassen, damit ein Pastellton entsteht. Nach dem Auswaschen und Trocknen des Stoffes die Kanten umschlagen und säumen.

Tasche

Für besondere Anlässe

Material
Gebatikter Schlauchstoff (Länge: 45 cm, Schlauchbreite: 33 cm)
Weißer Karton, ca. 15 cm x 32 cm
Nadel und Faden, Schere

Eine Seite des gebatikten Schlauchstoffes zunähen und wenden.

An der offenen Seite die Kanten mit der Nähmaschine (Zickzack-Stich) umnähen, ungefähr 1 cm umschlagen und festnähen.

Das weiße Stück Karton in den Schlauch schieben.

Die offene Seite 15 cm nach oben schlagen.

Den Karton so plazieren, daß er die Rückseite der Tasche stabilisiert.

Die Seitennähte nun absteppen und fertig ist die Tasche.

Großes Bild

Aller guten Dinge sind drei. Siehe auch Abbildung Seite 25.

Material
1 gebatikter Papierbogen
Passepartoutkarton (im Bastelladen erhältlich oder selbst geschnitten)
Bilderrahmen
Bleistift, Lineal, Schere, Cutter

Den Passepartoutkarton auf die Innengröße des Bilderrahmens zuschneiden. Mit dem Bleistift den Teil vorzeichnen, der für das Bild aus dem Karton ausgeschnitten werden soll.

Mit dem Cutter vorsichtig ausschneiden. Glas, Passepartoutkarton und Bild aufeinanderlegen und den Rahmen schließen.

Bei dem großen Bild werden drei gleich große Stücke entfernt und ein gebatikter Papierbogen im DIN A4-Format unter den Karton gelegt.